大家小小书
篆刻　程方平

新编历史小丛书

李贽

邱汉生 著

北京出版集团
文津出版社
贵州出版集团
贵州人民出版社

导 言

邱居里

《李贽》是“中国历史小丛书”中的一册，作者邱汉生，是我的父亲。现在北京人民出版社计划重新出版这套小丛书，承编辑美意，希望我为《李贽》写一篇导言。当年小丛书刊行时，我正上小学，是一个刚刚受其启蒙的小读者，后来从事古籍整理，与中国思想史无甚关联，亦无机会再重温这套小丛书。是以凭我的学力和识见，实不足以承担这个任务。幸而父亲留下了大量的日记，记载了他参加小丛书编委会工作和写作《李贽》的情况。今据日记，略作说明。

1958年秋，著名历史学家、北京市副市长吴晗倡议，为中小学生编一套通俗读物“中国历史小丛书”，其宗旨是希望“使人人懂得点自己和别的国家的历史，掌握社会发展规律，认识自己的前途，并通过对历史的学习，更加热爱自己的祖国，热爱人民，信心百倍地投身到社会主义事业的建设洪流中去”。

小丛书自然以吴晗为主编，编委会的筹备一出其手。据父亲日记记载，编委会最初不过十几个人，以后逐渐扩大，达到三十多人。编委多是著名学者，如科学院民族研究所副所长翁独健，历史所副所长尹达，近代史所研究员刘桂五、邵循正、丁名楠，文学所研究员何家槐，南开大学副校长郑天挺，北京大学教授侯仁之、任继愈、周一良、汪籛，北京师范大学教授白寿彝、何兹全，中国人民大学教授何干之、戴逸，北京师范学院历史系主任滕净东，江苏师范学院历史系主任柴德赓，北京教师进修学院副院长胡朝芝，中国美术家协会潘絜兹等。北京人民教育出版社陈乐素、邱汉生，也以历史教科书编者的身份加入编委会。编委会核心为吴晗、中华书局经理金灿然、教师进修学院副院长陈哲文三人。具体工作由教师进修学院张习孔负责。中华书局则设立了专门编辑组。1963年6月，考虑到编委会太大，组织会议不易，于是成立常委会，由吴晗、金灿然、陈哲文、翁独健、丁名楠、周一良、何兹全、戴逸、胡朝芝、邱汉生等十人组成，负责处理各种事务性工作。

1958年冬，父亲第一次参加小丛书编委会的会议，“地点在南河沿的欧美留学生俱乐部。出席的有何干之、白寿彝、何兹全、汪篯、周一良、翁独健、刘桂五、滕净东、陈哲文、胡朝芝、金灿然、陈乐素、邱汉生等，主席是吴晗”。会上，吴晗明确了“中国历史小丛书”的性质，是“给小学、初高中生提供历史课外读物”，并对书稿提出三点要求：“要浅显、生动、故事性强；要有正确的马列主义观点；要有丰富的材料。”

小丛书编委会会议要讨论许多问题，如选题计划、指导思想、作者遴选、审稿事宜、出版进度、读者反映等。1961年10月，编委会提出“对历史人物的评价，应有历史观点，不要苛求古人”。1961年12月，规定了审稿的六点要求。1964年3月，讨论如何贯彻历史主义和阶级观点，如何处理民族问题和对外关系，帝王将相是否要写，反面人物是否可以写等问题。

审稿是编委的主要工作，1958年冬的编委会上即已商讨审稿事宜。据日记中不完全记录，父亲先后审阅过《谭嗣同》《王充》《屈原》《詹天佑》

《李自成》《唐甄与〈潜书〉》《陈亮》《范缜》《沈括与〈梦溪笔谈〉》《管仲》等书稿，不仅要提出具体意见，有时还需动笔修改。审稿没有报酬，完全是义务工作。

编委的另一项任务是撰稿。“中国历史小丛书”最初的作者群，“主要是中学历史教师，也可请语文教师”。由于作者众多，难免良莠不齐，有的稿子经多次退改，仍不能合乎要求。其后，作者逐渐向青年的大学讲师和研究人员发展。为提高小丛书的整体质量，编委会又要求，每位编委为小丛书写一本书。主编吴晗率先垂范，将前已发表的《海瑞的故事》《清官海瑞》《海瑞骂皇帝》《海瑞的历史地位》等四篇文章融为一书，于1959年12月出版（1963年再版删去第四篇）。在吴晗的带动下，编委们纷纷拿出自己的佳作，如侯仁之的《徐霞客》、何兹全的《祖逖北伐》、任继愈的《韩非》、周一良的《明代援朝抗倭战争》、戴逸的《北洋海军》、罗哲文的《长城史话》、潘絜兹的《阎立本和吴道子》等。1964年3月编委会上，中华书局的代表总结说："编委写的，质量较高。可做标兵的，大部是编委写的"。并"希望编委多写稿"。小丛书还得到许多著名专家的热情支持，如贾兰坡的《中国猿人》、佟柱臣的《龙山文化》、万绳楠的《隋末农民战争》《文成公主》《文天祥》、宁可的《黄巢起义》、万国鼎的《王祯和〈农书〉》《五谷史话》、单士元的《故宫史话》等，使小丛书更为丰富多彩。

1959年1月，“中国历史小丛书”开始陆续刊行，到1962年12月已达100种，至1966年“文化大革命”前夕，总共出版147种。

父亲在1949年以前，已开始中国思想史的研究。1946年秋在上海，因为侯外庐、杜国庠主编的《文汇报·新思潮》副刊投稿，得以结识两位著名学者，应邀参加《中国思想通史》第二、三卷（两汉至南北朝）的撰著，1947年至1949年，写作了“汉末清议”“嵇康”“葛洪”等章节。新中国成立后，根据组织安排，父亲任职上海市教育局。1954年调任北京人民教育出版社历史编辑室，负责中小学历史教科书的编写。尽管工作繁重，父亲对中国思想史的兴趣和研究并未中辍。1957年，父亲受聘中国科学院历史二所兼任副研究员，参加侯外庐主编《中国思想通史》第四卷（隋唐至宋明）的工作，其中宋代“李觏”“王安石”“陆九渊”，明代“王艮”“何心隐”“李贽”等六章，就是出自父亲的手笔，于1959年至1960年由人民出版社出版。

由于父亲长期研究中国思想史，小丛书编委会建议他写一位古代思想家。父亲认为，明朝后期的思想家李贽，一生经历坎坷，晚年被朝廷逮捕下狱，迫害致死，李贽反礼教、反道学的思想，具有朴素的平等、民主因素和启蒙意义。因此选取介绍李贽这位著名的“异端”思想家。虽然撰写过《中国思想通史》第四卷泰州学派三章，在材料和研究两方面，已有较深的积淀，但学术研究和通俗读物并不是一码事，要做到深入浅出、雅俗共赏，并非易事。父亲为此慎之又慎。

《李贽》写作于1961年7月下旬。当时父亲右眼患继发性青光眼，眼压高导致眼睛和头部疼痛，流泪不已。左眼则是1950度的高度近视，视力模糊。在患严重目疾的情况下，父亲采取口头叙述，他人笔录的方式完成了《李贽》的初稿。8月，父亲入同仁医院，先后进行过两次手术。治疗期间，他还两次赴北京图书馆，查阅《麻城县志》和《耿天台全集》。麻城龙湖的芝佛院是李贽辞官后从事著述等学术活动的长期居住地。耿定向则是李贽思想学术论战的主要对象。手术后，父亲视力稍有恢复，又亲自补充、修润和誊录。由于史料掌握得比较充分，遂于10月上旬顺利完成书稿。

小丛书《李贽》包括四个部分：

一、先从泰州学派说起，选取《中国思想通史》中“王艮”“何心隐”等章节的典型事例，概要介绍晚明的社会状况及泰州学派的“异端”思想，追溯李贽学术思想之源。

二、李贽战斗的一生，基本依据

《中国思想通史》中李贽生平及著述一节，是本书的主要内容。通过讲述李贽的生平：读书、科举、做官、隐居著述、下狱致死等，着重说明李贽倔强不屈的性格、揭露伪道学的著述活动和反对封建礼教的“异端”思想。

三、李贽的反道学思想，进一步概括李贽反对封建等级束缚的平等、自由观念，以及他对孔子与儒家经典的“异端”评判。

四、结语，简单总结李贽思想的影响和价值遗产。

这样的结构设置与内容取舍，是为了在中小学生能够接受的程度内，介绍作为思想家和不屈斗士的李贽。写作时还注意择取趣味性、故事性强的史料，文字尽量生动流畅。凡古文的原始史料，都改写为浅显易懂的语体文，书中引用李贽的两首诗，也翻译成新体诗歌，以保证中小学生“能读喜读”。

1961年10月7日，小丛书编委会在西单绒线胡同四川饭店召开会议，《李贽》在会议上交稿。书稿由教师进修学院转到中华书局。11月，中华书局副总编巩绍英先生送还《李贽》书稿，认为初稿写得比较成熟，并提出一些具体修改意见。巩先生自1954年担任人民教育出版社副总编，长期指导历史教材的编写和审查，是父亲的老领导和同事，1961年冬调任中华书局，也加入小丛书编委会。父亲根据意见做了认真修改，还提出是否需要指出李贽思想的历史局限，初稿内容简约，没有对此进行说明。巩先生认为，小丛书的读者群是中小学生，不易接受较深的分析批判，故而没有补充这部分内容。1962年3月，《李贽》由中华书局出版。1963年5月，父亲对原稿又进行了修改，准备再版。

1966年“文化大革命”伊始，吴晗就作为北京市委“三家村”的黑帮人物被打倒。父亲因参加小丛书编委会工作，被诬陷为吴晗的“小伙计”“黑爪牙”，受到抄家并被多次批判。《李贽》这本小册子也成了“向党进攻”的“毒箭”。批判斗争的风涛，直至20世纪70年代初下放“五七干校”仍余波未已。这种遭遇，恐怕是父亲与所有小丛书编委始料未及的。浩劫过去，父亲已年逾花甲，除重新编写全国中小学历史教材外，以全部余力投入《宋明理学史》的研撰工作，无暇再顾及《李贽》一书的修订。

无须讳言，任何作品都是时代思想和作者主观意识的产物，不可避免地带有历史局限。五种社会形态的框架、唯物史观的思想分析、孔子与儒家经典的评判等，无不显示20世纪五六十年代的印迹。《李贽》自然也不例外。在当时的历史条件下，无法利用海外的文献和研究成果，父亲只能最大限度地搜寻和研读国内史料和相关研究，甚至利用到私人藏书。可以说，《李贽》是在充分占有原始资料的基础上，通过认真细致的分析批判而得出的果实，也是父亲倾尽心力为中小学生做出的一份微薄的奉献。遗憾的是，随着岁月流逝和作者谢世，这本书已经成为历史文献，无法重新修改以契合当今的学术进展。

但是，作为普及历史知识的通俗读物，“中国历史小丛书”以其广泛的选题、丰富的内容、通俗晓畅的语言、生动活泼的笔调，对于拓展中小学生视野、增进学习兴趣、激发热爱祖国和人民的情怀，做过不可磨灭的贡献，而且至今仍不失其积极的社会功效。小丛书的作者不乏学养深厚的学者，将学术性与通俗性相结合，不仅中小学生喜欢阅读，也受到学界和其他层面读者的欢迎与好评。改革开放以来，“中国历史小丛书”多次再版重印，足以证明这套优秀历史普及读物的意义与价值。

2016年10月

目　录

李贽是明朝末年的杰出思想家。他一生的战斗功绩，就在反对封建统治阶级的道学思想，反对吃人的封建礼教。他战斗了一生，最后以七十六岁的高龄，在统治阶级的迫害下献出了自己的生命。

一、先从泰州学派说起

原来从宋朝以后，我国的学术思想界出现了一种理学，又叫道学。讲理学的人，叫理学家，又叫道学家。道学家提倡封建道德，讲究什么“仁义道德”“礼义廉耻”“忠孝节义”等等。他们认为这些封建道德，是人们天生就具备的，是“天理良心”。他们称之为“道”。这种封建道德既是天生具备的，那就该加以发扬，使人人遵守，人人身体力行。其实，这种封建道德，都是统治阶级为了自己的利益才加以提倡的，要人民遵守，不许人民按照其自己的意志行动，好像用许多绳索捆住了人民的手脚一样，以便永远维持他们的反动统治。例如“忠”，就是要人民忠于一姓一君，为皇帝效劳，承认皇帝老子是神圣不可侵犯的，“君要臣死，不得不死”。谁反对皇帝，谁就是“乱臣贼子，人人得而诛之”。这样，就把农民起义否定了，因为农民起义要反对皇帝。例如“节”，要求女子为丈夫守节。青年的妇女死了丈夫，甚至还没结婚的女子死了未婚夫，都要终身守节不嫁。有些道学家还强迫青年女子跟着丈夫一起死，逼迫她们投井、上吊、服毒。他们说，这样才死得好，死得光荣。他们还胡说什么“饿死事小，失节事大”等骗人的鬼话。很明显，这种封建道德只是维护封建统治阶级的特权，对人民很不利。我们现在还可以看到，有些地方保留着石造的节孝牌坊。这种节孝牌坊，就是皇帝和大臣们，用以表扬孝子和守节的妇女的。

道学家穿着长袍，戴着方巾，规行矩步，一副“道貌岸然”的样子，好像封建道德全担在他们的肩头。他们开口“仁义道德”，闭口“天理良心”，自命为圣贤的好学生，其实，很多人是假装的。因此，人们也讥笑这种道学家为“假道学”。宋朝以后，特别是明朝，道学家是非常多的。道学家越多，人民的灾难也就越重。

宋朝最有名的道学家是程颐和朱熹。程颐、朱熹把《论语》《孟子》《大学》《中庸》列为“四书”。朱熹还给“四书”做了注解，叫作《四书集注》。程颐、朱熹和他们的门徒，注解了孔子修订的经典，如《诗经》《尚书》《春秋》《易经》等。元朝以后，统治者把道学家注解的“四书”“五经”，规定为青年的必读课本。从都城的国学到乡村的社学，以至私家的家塾，学生们都要诵读这种书本。例如“四书”，要求把本文和主要的注解都能背熟。在“四书”“五经”的注解里，道学家宣传为封建统治服务的思想道德，这种思想道德，也就是上文所说的“理学”。道学家打着孔子的招牌，宣传“吃人”的封建思想、封建道德，忠实地为封建统治服务。皇帝规定，在科举考试的时候，应考的人写的八股文，只许根据道学家的思想做文章，不许发表自己的意见。这样一来，道学家的思想就成为宋朝以后封建社会的支配思想，帮助皇帝和封建地主加强统治。

明朝末年，在道学家乌烟瘴气的思想统治下面，兴起了反道学的“泰州学派”。泰州学派是一个有光辉历史的学派，他们激烈地反对道学和道学家，批判封建礼教，揭穿道学家的假面具，为劳动人民的利益辩护。泰州学派在劳动人民中间传布，信奉的人有农民、陶匠、樵夫、盐丁、小商贩等。

泰州学派的创始者是江苏泰州人

王艮（1483—1541年），号心斋，学者称心斋先生。王艮的家庭，世代煮盐，王艮的父亲和王艮自己都参加煮盐的劳动，是社会地位很低下的盐丁。王艮识字不多，没有什么文化。他反对道学家所说的“道”，认为人生吃饭穿衣才是重要的事，人民的日常生活才是“道”。木匠用斧头造房屋、制器具，这就是“道”。除了日常生活——吃饭、穿衣、劳动等以外，更没有什么叫作“道”的东西。这样，就否定了道学家提倡的“道”。王艮认为，人首先要求有饭吃，有衣服穿，这就叫作“安身”。人们如果不得安身，谈那些空空洞洞的“道”有什么用处呢？王艮的这种思想，反映了劳动人民的要求，同道学家说的“饿死事小，失节事大”完全针锋相对。因此，王艮的学说，深受劳动人民的欢迎。

王艮和他的儿子王襞，在劳动人民中间宣传他们的主张。每到秋收完毕的时候，他们带着一批学生，坐了船，在附近的各个村落之间航行。这些村落，都住有王艮的门徒。他们一面航行，一面唱歌，到了一个村子，就登岸坐在草地上。村上的门徒听到王艮来了，就来相见，同时，也就有许多农民向他们围拢来。他们就一面唱歌，一面讲学，向农民宣传自己的主张。农民很欢迎他们，很喜欢听他们讲的道理，有许多人就这样相信了王艮的学说，成为泰州学派的门徒。在一个村子讲完了，他们再开船到别的村子去继续宣传。就这样，泰州学派在长江下游一带传布很广，并且成为同封建统治者相对抗的一种力量。

统治者对于泰州学派学说的传布很不安，很害怕。他们就无耻地造谣，诬蔑泰州学派里的一些学者是“妖人”，学说是“左道”。统治者还逮捕了泰州学派里的一些有名的学者，把他们关在牢里，用酷刑拷打，甚至把他们杀害。但是，泰州学派的学者是硬骨头，他们以坚强不屈的战斗来回答统治者的迫害。譬如，泰州学派的学者颜山农，被统治者逮捕时，他已经八十多岁了，统治者用棍子狠狠地打他，他一句话也不说，也不流一点眼泪，只是干笑。统治者从他嘴里得不到什么，只好把他释放了。还有一个学者何心隐，他四处讲学，统治者要逮捕他，他起先隐蔽起来，写了一篇一万多字的长文《原学原讲》，说明自己的讲学活动完全是合理的。后来统治者逮捕了他，他又从狱中写信，和统治者辩论，责问统治者为什么要把他监禁起来。何心隐的被捕，激起武昌一带几万人的愤慨，反对统治者的无理逮捕。统治者着了慌，赶紧把何心隐杀害了。

我们所要讲的李贽，也是被统治者迫害而死的一个泰州学派的有名学者。

二、李贽战斗的一生

（一）幼年就很倔强，不盲从，不迷信

李贽，字宏甫，号卓吾，福建省泉州府晋江县人。他生于明世宗嘉靖六年（1527年）。李贽的祖宗几代都从事航海活动，经常到日本、琉球和南洋各地，最远到亚洲西部。李贽的二世祖李驽，在明太祖洪武年间，奉命远航西洋[①]，娶色目人[②]为妻，就信仰了回

教。李贽的祖父、父亲都是回教徒。李贽本人也信奉过回教，后来又相信佛教和道教。其实，从他的思想深处来说，他并没有什么真正的宗教信仰。

李贽在童年时代，跟他的父亲李白斋读书。父亲教他读书诵诗，教他学习礼节。十二岁的时候，他写了一篇《老农老圃论》，在论文里称赞孔子的学生樊迟，说他愿意学习老农老圃，有隐居的高尚志气，同时讥笑孔子，说他不了解自己的学生，反而斥骂樊迟为小人。这种论调，同传统的说法不一样，显出李贽的思想从小就很不平常，不肯受传统思想的束缚。

李贽幼年就养成倔强性格，对什

么都不大相信。他说："予自幼倔强难化，不信学，不信道，不信仙释。故见道人则恶，见僧则恶，见道学先生则尤恶。"这种"三不信"的态度是很宝贵的，说明李贽幼年就不盲从，不迷信，不肯崇拜偶像，敢于独立思考。

李贽看不起当时应科举考试的读书人。他读朱熹的《四书集注》等书，读不懂，不知道朱熹究竟讲些什么，不了解朱熹的话里究竟有哪些深奥的道理，所以感到很苦闷。要不读吧，那又有什么可读的书呢？考科举就得读这些书呀！最后，他想通了，他看穿了科举的把戏，原来科举正是要人照抄朱熹的话。他嘲笑地说："科举嘛，这简直是开玩笑。临场只要抄抄书，蒙混一下就行了。主考官难道个个都能精通圣贤的思想吗？”于是，他就挑选了当时最流行的八股文，每天读熟几篇，读到考试的前夕，已经能够背诵五百篇了。他说：“这样就行了。进了考场，拿到了题目，只要会做一个誊录生，一定可以考中。”果然，他在二十六岁那一年（1552年），考中了福建乡试的举人。

（二）冷官、贫困、追求真理

李贽从三十岁开始，为了解决生活问题，做了二十年左右的官。他做的官，都是一些冷官（禄俸微薄，公务不多），如教谕、国子监博士、礼部司务

[3]等。名为做官，生活还是十分贫困。但是他并不嫌官冷而不做，相反地，却利用做冷官的机会，努力学习，追求真理。

李贽最初做河南共城（现在的辉县）教谕。教谕就是县学的教师，是冷官。李贽认为共城是一个学术上的圣地，宋朝的学者李之才在这儿做过官，宋朝的另一个学者邵雍在这儿读过书。因此，李贽希望能在共城好好地学习一番，求得真理。共城有座苏门山，山上有一个百泉，当年邵雍居住的安乐窝就在百泉之上。李贽就天天到百泉去游览，自称为“百泉居士”。但是在共城一住五年，“落落竟不闻道”，学习上并没有什么收获。

嘉靖三十九年（1560年），李贽又调任南京国子监博士。国子监博士是都城国学的教师，也是冷官。李贽到任才几个月，就因父亲去世，回家守制[4]。三年守制期满，1562年，李贽又到北京候差。候差十个月，钱用光了，只好教书过活。又过了十多个月才候到差使，原来还是国子监博士。可是真不巧，没有多久，他的祖父又死了。李贽就在共城买了几亩地，让他的妻子黄氏带着三个女儿留在当地。他只身回泉州料理丧葬。共城那几亩地，没有水灌溉，收成很坏，一年只能收一些稗子。他的大女儿是从困难的生活里长大的，也还对付得过。但是他的二女儿、三女儿年幼，受不住困难的折磨，先后生病死了。明朝政府派人散发粮食赈济饥民。负责赈济工作的邓石阳是李贽的朋友。邓石阳听到李贽家眷贫困的情况，派人送了些银子来。李贽的妻子把银子分一半买了粮食，分一半买了棉花，纺纱织布。就这样，勉强维持了三年的生活。李贽在泉州住了三年，思念远在天涯的妻子和女儿，就来到了共城。进了家门，看见了妻子，非常高兴。一问起两个女孩，才知道分别后几个月，她们都因饥荒死了。他的妻子说到这些情况，泪流满面。那天晚上，李贽和妻子秉烛相对，三年的往事，一一涌上心头，正像在梦里一样。到这时候，他自己也禁不住流下了眼泪。他深深感觉到一个普通妇女的这种感情是真实而可贵的，同道学家的矫情自饰是不同的。道学家明明知道肚子饿了要吃饭，却硬说“饿死事小”。

嘉靖四十五年（1566年）李贽重回北京，补了礼部司务的官缺。这也是一个冷官。有人对他说：“礼部司务官的穷，比国子监博士还胜过三分。你喜欢过穷生活，什么地方找不上，偏找上这个礼部司务！”意思是讥笑他不识时务。李贽傲然地回答说：“我心目中的穷，同一般人说的穷不一样。我认为，最穷的就是听不到真理，最快乐的就是过着自己感到有趣的生活。这十几年来，我奔走南北，只是为了生活，但是把追求真理的念头淡忘了，这是很可惜的。北京是天下人才集中的地方，我正好利用这个机会，求朋访友，追求真理。”

他做了五年礼部司务的官，开始接触当时流行的明朝大思想家王阳明（1472—1529年）的学说。他同泰州学派的学者赵大洲来往，听赵大洲讲学，深入研究泰州学派的学说。这五年中，李贽在学问方面收获很大，他自己总结这一时期的研究成果说：“五载春官[⑤]，潜心道妙”，说明研究工作的专心致志。

接着，李贽又调任南京刑部员外郎[⑥]，这一次一直做了七年。在这七年里，李贽经常从事讲学活动。同他来往的学者有耿定理、焦竑、王畿、罗汝芳等。他还同泰州学派的学者王襞来往，拜王襞为老师。这七年中，李贽对泰州学派的学说有了比较深刻的认识，接受了泰州学派的影响。他对泰州学派的学者十分佩服，称颂他们是“真英雄”。

十几年的冷官生活，锻炼了李贽。他不怕穷，不怕苦，一味地追求真理。特别是对泰州学派学说的钻研，使李贽本人也成为一个有名的泰州学派的学者，给后来的反道学思想打下了基础。

（三）三年清知府，一声归去来

明神宗万历五年（1577年），李贽五十一岁了。那一年，李贽从南京刑部员外郎，调任云南姚安府（治所在今姚安县）知府。他把女儿留在湖北黄安县（今红安县）耿定理家里，自己带着妻子去云南上任。临走的时候，李贽和耿定理约好，三年知府任满，有了衣食之资，再来黄安，同耿定理一起，共同研究学问。在李贽的思想里，做官是一种谋生的手段，研究学问才是归宿，这说明他对封建社会的官场生活是很厌恶的。

云南有很多少数民族。李贽在那儿做知府，法令很简单，很明白，各少数民族因此都能相安无事。李贽常常不在官署里，而在佛寺里办公。公事桌旁边，坐着一些有学问的和尚。公事办完之后，就同和尚讨论佛学。这种做官的办法，同一般官吏很不相同。另一位泰州学派的学者罗汝芳也是这样。罗汝芳不但在佛寺里办公，而且在审理“盗贼”案件的时候，常常不判罪，还把官府的财物送给那些为生活所逼、铤而走险的人们。罗汝芳把枷、杖、镣、铐等刑具烧掉，说：“治理老百姓，依靠这一套东西，那是最恶劣的办法。”

李贽在姚安做知府，一转眼就将满三年了。照例，三年任满，没有过失，可以升官。李贽治绩很好，升官是没有问题的，但是，他却对官场生活十分厌恶，再也不想做官了。距离三年任满还有两个月，李贽把公文理好，把府库封好，向上司辞职，携带家眷离开了姚安。上司不准他辞职，对他说：“再过两个月，你三年任满了。准备把你的治绩上报朝廷，就可以加恩升官。”

李贽摇摇头，大声说：“我不配做知府。既是不配，却硬要做，这就是‘旷官’。旷官，我不敢。为了希望加恩升官，硬要等到三年任满，这就是‘贪荣’。贪荣，我不愿。既然不想升官，却要把名字上报朝廷，然后离职，这就是‘钓名’。钓名，我不能。现在我想辞职就辞职，别的我都顾不得了。”上司不同意他，于是李贽又把家眷送回姚安，一个人住到大理的鸡足山佛寺，阅读寺里的藏经，专心研究佛学。任凭人家去请他，他再也不肯出来。上司知道他的辞意很坚决，再也留不住了，只得批准他。

李贽离开姚安知府任的时候，两

袖清风，行囊里只有几卷图书。老百姓遮道相送，车马不能前进。可见他深得民心，的确是一个好官。

（四）二十多年官场生活，处处同上司抵触

李贽三十岁开始做官，到五十四岁从姚安知府任内辞职归去，其间度过了二十多年官场生活。封建社会的官场生活，只有黑暗、肮脏、腐朽。李贽从这里得到很大的教育。他的性格原来很倔强，所谓倔强，实质上是对封建社会的反抗。到他从姚安辞职归去，他的叛逆道路是走定了，叛逆的性格是更明显了。

李贽总结自己的居官生活，发现每到一处，总要同那里的上司抵触。做共城县教谕，就同共城的县令抵触，同河南省的提学使抵触。做国子监博士，就同国子祭酒抵触，同国子司业抵触。做礼部司务，就同礼部尚书抵触，同礼部侍郎抵触。做刑部员外郎，就同刑部尚书抵触，同大理卿抵触。最苦的是在刑部碰到那个赵尚书，赵尚书是一个有名的道学先生。哪里知道，道学越是有名，李贽同他的抵触就越厉害。最后做知府，又同上司骆问礼抵触。他怀着一肚子的感慨和愤激说：“我就因为受不了人家的管束，受尽了磨难，一生倒霉。即使整个大地全是一块墨，也写不尽我的磨难，写不尽我的倒霉。”

作为封建社会的叛逆，李贽的一生不得志是注定了的。他自己发现，做官的人性情彼此都差不多，就是他自己同人家不一样。于是他十分惊讶地说："天何生我不祥如是耶！"他说："大概读书做官的人家，意见总是差不多的。拿我的见解去反驳他们，要不是把我当作狂人，就不免认定我这个人是该杀的。"这里，李贽已经接触到问题的实质了，看到了自己同封建社会不相容的情况了。

原来封建社会的富贵荣华，道学家嘴里的仁义道德，全是用老百姓的血泪造成的。李贽作为泰州学派的学者，关心人民的生活，同情人民的苦难，就一定要反对统治者摆下的"人肉筵席”。这就无怪乎他到处同上司抵触了。读书做官的人是一帮，李贽并不同流合污，这就必然被认为狂人，被认为封建社会该杀的叛逆。

在行为上，李贽不愿受封建社会的管束；在思想上，他又处处同统治者对立。从云南姚安府辞职归去的时候，决心不回本乡，宁愿漂流异地，目的是为了摆脱地方官的管束。这里有一件小故事，很能说明李贽当时的想法。

李贽的朋友邓鼎石初到黄安做官，写了帖子到李贽住处拜客。李贽不得不回他一个帖子。可是回帖的署名该怎么写，却不能不费心思。写“侍生”罢，架子太大；写“治生”罢，又自找束缚。想来想去，最后想出四个字来，倒真是好字眼，这四个字是：“流寓客子”。既称“流寓”，表明自己是有思想、有学问的人，像过去的白乐天、苏东坡那样；称“客子”，就是说旅寓的人，或去或住，时间或长或短，都不可知，当官的要来管也管不了。

李贽极力谋求摆脱封建束缚的强烈愿望，从这“流寓客子”四个字里，不可抑止地表达出来了。

（五）揭穿假道学耿定向的画皮

万历九年（1581年）的春天，李贽从云南回到湖北黄安，就同耿定理住在一起，开始过“流寓客子”的生活。

李贽住在耿家，并且教育耿家的

子弟。李贽在教育上主张发挥小孩子的自由精神，不要用封建的道德、礼教去束缚小孩子的天真。这一点，他的看法同耿定理是一致的。但是耿定理的哥哥耿定向，是一个大官，又是一个十足的假道学，思想同李贽完全是两回事。耿定向心里想发财做官，却满口讲仁义道德。他要把这虚伪的一套强迫李贽灌输给小孩子，李贽当然不肯。这样，一场尖锐的斗争就不可避免地爆发了。

李贽最看不起耿定向的，是何心隐被害的事。上文已经讲过，何心隐是泰州学派的有名学者，一生为反对封建统治思想而斗争，终于被明朝政府杀害。耿定向本来同何心隐是好朋友。何心隐被捕被杀的过程里，武昌上下数万人，都为他呼冤。统治者把何心隐的罪状张贴在武昌的大街上，围着看的人都愤愤抱不平，说罪名是强加的，有些人甚至大声唾骂，不愿看那张罪状。何心隐在狱中的时候，耿定向在当时是有力量营救何心隐的，但是他怕犯嫌疑，不敢沾手。耿定向常常自己吹嘘，说做人要有“不容已”的精神。所谓“不容已”，就是合乎正义的事，不管有多大困难和危险，都不容许停止不做。李贽尖锐地批评耿定向说：“在救援何心隐的问题上，难道你有一丝一毫‘不容已’的精神么？”李贽看穿了耿定向言行不一致的假道学的丑恶面目，十分鄙视他。

这些，是两个人思想的根本分歧。

在这种情况下，李贽在耿家住下去是很勉强的。万历十二年（1584年），李贽的好朋友耿定理死了。第二年，他迁居黄安的邻县麻城。他派人把家眷送回泉州，一个人住在麻城的龙湖。他写信给耿定向，向耿定向告别。他在龙湖还写了许多信批评耿定向。其中有一封一万多字的长信《答耿司寇》，在信里，李贽同耿定向展开了辩论，严厉批评他的假道学，揭露他的丑恶面目，指出他的“不容已”是假的，他说的“仁义道德”也是假的，何心隐的死，耿定向要负一定责任，把耿定向批评得体无完肤。

当时，耿定向是大官，担任刑部左侍郎，独喜讲学，独喜吹嘘“不容已”。李贽讥笑他说：“你我同是差不多的。一样的喜欢做官，一样的贪爱富贵，一样的有妻子儿女，一样的有房屋，一样的有朋友，一样的同朋友来往。你哪一件胜过我？为什么你独有学可讲，独有许多‘不容已’处！……你同我完全一样，只有一件不相同，那就是你是一个大官。”李贽尖刻地讥刺耿定向说：“学问不论官的大小，不会因为官做得大，学问一定就高，要不然古代的孔孟就不敢开口了。”信里还指出，耿定向同普通人一样，买田地，置房产，读书考功名，做官求地位，谋求好风水，希望子孙有福。种种日常生活，都是为自己的身家打算，没有一毫一厘为别人打算的。可是一开口谈道学，就说："你们为的是自己，我为的是大家，你们是自私自利，我为的是有利于别人。我一忽儿怜悯东邻没有饭吃，一忽儿又想到西邻没有衣穿。"等等。

李贽说，把你的言行细细考察，就发现你的言行很不一致。你的言行，还不如市镇上和田野里的普通人。他们做着这件事，就说着这件事，做生意的就说做生意的事，种地的就说种地的事。而你，明明想念高官厚禄，想做到三品二品，博得光宗耀祖，这才是你的真的"不容已"，这才是你的真实的思想。但是，你却把这一个真实的思想掩盖起来，你虚伪地说："我是为了治国平天下才做官的，我是以先知先觉来要求自己的。"这种话不是你的真实的"不容已"思想。

李贽对耿定向的尖锐批评，实质是对当时许多假道学的鞭挞，具有反道学的战斗意义。在封建社会，对一个大官，对一个道学家的代表者，写这样坦率的批评信，是很勇敢的行为。如果不是对道学家在思想感情上有深刻的痛恨，是写不出这样的信来的。

（六）隐居著述

麻城龙湖，是一个幽静偏僻的山区，在麻城东三十里左右。多雨的季节，那里有许多条瀑布从万山高处奔流而下，声如雷鸣。瀑布倾泻在龙湖里，撞在湖里的石头上，激成一个十多丈深的绿潭。潭底石头隐隐，从湖面望下去，好像有一条龙躺在里面似的。湖的中心，有一座小岛，长满了青翠的树木，还建筑有一座朱红色的楼阁，远远望去，十分美丽。湖的东北岸，就是李贽隐居的芝佛院。芝佛院背山临水，登楼纵目，就可以看到光州（今河南潢川）、黄州（今湖北黄冈）的许多山，像屏风一样高高地四面环立着。山外还有山，一重一重不知有多少重，只看见满眼青绿。龙湖没有陆路通外面，只有水路。但是四周的河流很浅，外面也很少有船来。天旱的时候，龙湖里的水也是很浅的。

李贽在这样一个僻静的山区住下来，完全过着隐居著述的生活。从此，一住几乎二十年。在这二十年里，每天同他接触的，只有几个和尚。李贽自述这段生活说："不论白天也好，晚上也好，只有和尚。不论休息也好，吃饭也好，只有和尚。不知不觉就这样过了将近二十年。我也忘了这地方是湖北，我这个人是孤零零的一个，我的年龄老了，我的胡须完全白了，我的头发完全秃了。"

有时候，有几个朋友来看他，这些人是周友山、丘坦之、杨定见等。来了之后，每天在屋子里读书研究，有时候讨论问题，有说有笑。李贽的话很深刻，很有风趣，听了令人发笑，但是，也令人感到有一股冰凉的冷气，刺人骨髓，耐人寻味。

有时候，李贽不喜欢的一些人来了，略为谈了谈，李贽就请他远远地坐在一边。他说，他讨厌这些人的臭味。

李贽所读的书，都亲笔抄写，装订成很精致的本子。他抄写的书，范围很广，有历史，有辞赋，有诗歌，有戏曲等等。抄书用的纸，都是很洁白的上好纸张，写上极工整的小字。写好后，再用朱笔逐字逐句校对，有的地方批注了自己的意见。

李贽很爱清洁，一天几次扫地。衣服洗得很干净。经常洗脸、洗澡。走进他的屋子，觉得窗明几净，一尘不染。有一年夏天，天气很闷热，头发里有了汗垢，他就把头发剃光了。那时候，只有和尚剃光头，叫作落发。李贽落了发，许多痛恨他的道学先生就借此造谣，称他为“异端”，意思就是说，他不能再算是孔子的信徒。李贽自己也就自称为“和尚”，表示与封建礼教一刀两断。

李贽写了两首诗，描写他在龙湖的隐居生活。

十卷楞严万古心，
春风是处有知音。
即看湖上花开日，
人自纵横水自深。

十卷楞严经，蕴藏着不朽的精神，
春风在吹拂，我到处可以找到知音。
今天，龙湖的花呀，正开得美丽，
请看呀，人多么自在，水多么清深。

若为追欢悦世人，
空劳皮骨损精神。
年来寂寞从人谩，
只有疏狂一老身。

谁愿意媚悦那些大人先生，
劳累了皮骨，又耗损了精神。
这些年来呀，任从别人笑骂，
在寂寞的山中，只有我这个不守礼法的狂放的老身。

但是，李贽的隐居生活并不是平静的。他对道学家的斗争，更为深刻和激烈了。即使在他读书著述的过程中，也充满了对古文献的审查批判精神。而这也处处触动封建社会的疮疤，使道学家感到头痛，因而，激起一次又一次的斗争的波澜。李贽无情的笔锋，引起万丈波澜，冲击着道学家建筑起来的礼教堤防；随后，封建统治者便用卑劣的手段，一步加紧一步地迫害这位无畏的战士，直到把他害死为止。

（七）《焚书》和《藏书》的出版

在将近二十年的龙湖隐居生活里，李贽完成了大量著作，其中最重要的是《焚书》和《藏书》。

万历十八年（1590年），《焚书》在麻城出版。这是一部惊动一时的著作。书的内容，是李贽写作的一些书信、论文和诗歌。为什么叫《焚书》呢？李贽自己说："书中所说的话，颇能击中当代道学家的要害，因此，必然要遭到他们的反扑，他们必然要千方百计地迫害我，所以应该把它烧掉。"称为《焚书》，就是说，应该"焚而弃之，不可留也"。既然应该烧掉，那又为什么出版呢？李贽说："所以要烧掉，因为它为人们所听不进，是逆耳之言；所以要出版，因为它又为人们所欢迎，深深地打动了人心。说了逆耳之言，必然有杀身之祸，当然很可怕。但是我已是六十四岁的老人了，只要我的书能够打动人心，为人所欢迎，那么人们也会了解我。我希望有人了解我，所以还是出版了。”

李贽已经预料到，《焚书》的出版，会发生巨大的反响。

《焚书》里发表了给耿定向的七封信，那封万言长信《答耿司寇》也在内。这是耿定向万万料不到的，也是许多道学家万万料不到的。因为把这种书信发表出来，等于给耿定向这一批假道学家作一画像，把他们的一切丑态都如实地描画出来了。这仿佛在封建社会的黑夜里，烧起了一堆熊熊烈火，使躲藏在黑暗中的牛鬼蛇神显现了原形。

《焚书》的出版，是极其大胆的

行动，使耿定向等假道学家们感到十分震惊，他们狂怒起来。耿定向马上写了一封叫《求儆书》的公开信，进行反噬，诬蔑李贽对他的揭露是诽谤，动员他的学生们向李贽反扑。于是，耿定向的学生蔡毅中写了一部《焚书辩》，一方面替耿定向妆金抹粉，一方面同李贽展开论战。耿定向希望通过这些手法，混淆黑白，欺骗人们。

耿定向的卑劣行为还不止此。他还编造了许多谣言，诬蔑李贽，说李贽狎妓，引诱良家女子，还说李贽是“妖人”，是“左道惑众”，蓄意要“造反”。耿定向想借用封建社会的政治力量杀害李贽。有一次，李贽到武昌黄鹤楼游览，耿定向指使他的同伙，大声叫喊，辱骂李贽是“左道妖人”，声势汹汹地要殴打李贽。

李贽和耿定向的这种斗争，就是反道学思想和道学思想的斗争。道学家们斗不过，就对李贽进行政治迫害。斗争是十分尖锐的。在这一番斗争里，胜利属于李贽。当时有名的文学家袁中道，赞美这部《焚书》说，在暴风雨的时候，面对着长江里的汹涌的波涛，读这一部《焚书》，一定会赞美作者的思想，钦佩作者的才华，感到他的笔锋是如此的锐利。至于道学家对他的诬蔑，那只等于癞蛤蟆嘴里吐出的粪秽。

香花和粪秽，毕竟完全不同。在封建社会深黑的长夜里，明眼人是看得这样的清楚。

万历二十七年（1599年），李贽的另一部著作《藏书》六十八卷，在南京出版。这是一部巨大的历史著作，记载了从战国到元朝末年的历史，一共有八百多篇传记。李贽反传统且独到的见解，评论了许多历史人物。

李贽认为：从汉朝以后，一千多年来，历史上没有什么是非。其实并不是没有是非，而是大家都以孔子的是非为是非，结果等于没有是非。李贽现在给千古人物评定是非，可以说是李贽一个人的是非，也可以说是千百年来最公正的是非。因此，在这部《藏书》里，李贽做了许多“翻案”文章。有许多人，历来被认为是英雄，但是在李贽的笔下被写成了软骨头；有一种人自负有高深的学问，但是在李贽的笔下被写成喜欢空名，做不了什么事情的空头学问家；有些风流人物，在李贽的笔下却被写成俗不可耐；有些历史上被批评的人物，李贽却表扬了他们。例如秦始皇，历来都被认为是暴君，李贽却称赞他为“千古一帝”；武则天，历来都被认为是狠毒、淫虐的女主，李贽却认为她极有才干，极有眼光，为人民办了一些好事；卓文君以寡妇私奔司马相如，一向都被谴责，李贽却认为她勇敢果断，大胆追求自己的幸福。他对宋朝的道学家程颐、朱熹非常不满，认为他们只会说假话骗人。李贽在《藏书》里，推翻了千百年来孔子的是非，实际上是推翻了千百年来封建社会旧传统的道德标准；

树立了李贽自己的是非标准，实际上是树立了反对旧传统的是非标准。李贽说，我这部书不能随便给人看，只能藏在名山，等待千百年之后，人们才会发现它的价值。

李贽自己叙述写作《藏书》的过程说：“我住在龙湖，山中寂寞，常常读历史，同古人见面，也很愉快。总感到历史上有许多真正的圣贤，被人冤屈了，同时也有一些人，只有虚名，实际上是空空洞洞。从古至今，真有不少冤屈，谁来给他们分辨呢？所以我读历史的时候，正好像同几百人、几千人、几万人敌对。经我一批判，敌人就投降了，非常痛快。”可见李贽读历史的过程，也就是批判历史的过程。《藏书》

就是在这样长期的辛勤努力下写成的。

（八）迫害迫害复迫害，战斗战斗再战斗

万历二十四年（1596年），统治者对李贽进行了迫害。

那一年，李贽准备到山西去。将要动身的时候，忽然听到有人传来风声，说湖北的一个巡道御史史某要办李贽的罪。史某扬言说：“李贽破坏风化，应该驱逐出境，如果他不走，就要把他法办。”这个人是耿定向的学生。

李贽听到了消息，十分镇静。他看穿了统治者的卑劣伎俩，这无非是在恐吓他，借他赴山西的机会，趁便好造

谣，说他害怕法办才溜走的。这样，就可以破坏李贽的名誉。李贽揭穿统治者的阴谋说："我活了七十岁，生平经历过不少风波。我虽然希望无事，但是也不怕多事。正因为我不怕多事，所以宁可守着正义而挨饿，不肯随便求得一饱；宁可遭受冤屈而死，不肯勉强偷生。听说巡道大人要办我的罪，我正等着，办就办罢！如果想借此吓唬我，要我离开这儿，那是办不到的。如果我求饶，那我也不成为李卓吾了。我，可杀不可去，我的头可断，我的身不可辱。我是一个七十岁的老人，身上没有半个钱钞，左右没有半个亲随，怎么敢遨游万里之外呢？正因为我自己知道，我这个人心上无邪，身上无非，形上无垢，影上无尘，我堂堂正正，光明磊落。我同道学先生交战而不失败，就因为我的学说是正确的，敌人无隙可乘，对正确的学说，谁敢去攻击他，自找失败呢？”

李贽的这一番话，把史巡道的恫吓伎俩完全揭穿。统治阶级的卑劣诡计没有成功，反而陷于十分狼狈的境地。在李贽的嬉笑怒骂前面，他们是显得多么渺小呀！

后来，李贽终于到了山西，又从山西到北京。在北京住了一些时候，他又与焦竑一起，同赴南京，在南京住了几年，进行了讲学活动。

万历二十八年（1600年），李贽又回到龙湖。那时候，他已经是七十四岁的老人了。道学先生并没有因为李贽年老就放他过去，相反地，迫害更加紧了。他们放出流言，说要拆毁他的芝佛院。到了冬天，道学家真的露出了凶恶的本相，他们纠合了一批狐群狗党，到龙湖迫害李贽。他们打出的旗帜也还是“维持风化”，就是说，维持封建道德。道学家的这种手段是很可笑的，对一个七十四岁的老头，还加得上什么“有伤风化”的罪名呢？然而这次来势很凶，他们竟把芝佛院拆掉了。

李贽由友人杨定见保护，事先避开。后来，又由友人马经纶陪送，在河南商城过了一个冬天。第二年春天，李贽同马经纶一起，到了河北通州，住在马经纶的家里。

万历三十年（1602年），统治阶级对李贽进行了最后一次，也是最凶残的一次迫害。那时候，李贽年老多病，住在马经纶的家里。明政府的官僚张问达，向明神宗上了一道奏章，劾奏李贽。大意说，李贽刻了《焚书》《藏书》等著作，流行全国，惑乱人心，不可不毁。还说李贽在麻城的时候，猖狂放肆，勾引后生小子，弄得全县不安。现在李贽住在通州，通州离北京只有四十里，他如果进入北京，又要引诱青年，把北京变成麻城第二。张问达要求皇帝逮捕李贽，焚禁李贽的所有著作。张问达的这些话，表明统治阶级对李贽的痛恨，也表明对李贽影响的恐惧。他们不敢公开同李贽辩论，只好运用政治力量迫害他。

明神宗下令逮捕李贽，还命令焚毁李贽的著作。李贽入狱以后照旧作诗读书。统治者审问他："你为什么著了许多乱七八糟的书？"李贽驳斥说："我著的书很多，对于世道人心，只有好处，没有坏处。"统治者始终问不出一个罪名来。

李贽在狱中病得很厉害，听说明政府要押解他回福建原籍，他说："我今年七十六岁了，只有一死，为什么要回去？"三月十五日，他在狱中自刎，第二天，气绝身死。这位战斗了一生的反道学的老战士，终于在统治阶级的残酷迫害下，英勇地牺牲了！

朋友们把李贽的遗体埋葬在通州

的北门外，在墓上竖立了一丈多高的一块石碑，表示对他的沉痛的哀悼。

注释：

①明时指今文莱以西的南洋群岛和印度洋一带。

②当时泛指西域（今新疆及以西地区，远至东欧、北非）各族。

③礼部是主管国家的典礼、教育、考试等行政的中央机关；司务是普通办事人员。

④在封建时代，凡父母去世，做官的一律要回家守丧三年。

⑤礼部的官，称作春官。

⑥刑部是主管司法的中央机关；员外郎系一般官员。

三、李贽的反道学思想

李贽是泰州学派的一个有名的学者。他的一生是在反道学的战斗中度过的。他同以耿定向为代表的道学家之间的斗争，继承了泰州学派的光辉传统。

李贽的思想，上文连带的也谈过一些了，现在再简要地介绍李贽的反道学思想。

（一）反对封建等级和封建束缚的进步思想

李贽的光辉思想，是他反对封建等级和封建束缚的进步思想。

李贽认为，每一个人都应该是平等的。尧舜同普通人是一样的，圣人同凡人是一样的。圣人的所作所为，同凡人的所作所为，是一样的。尧舜禅让，也没有什么了不起，正好像一片浮云从眼前飘过。圣人能够做的事，普通老百姓也能够做。老百姓不能够做的事，圣人也一定不能够做。

把圣人同凡人同等看待，在封建社会是一种具有进步意义的思想。它的好处，在于打翻封建统治阶级的特权地位，把劳动人民的地位抬高。因为封建统治阶级总是把自己比作圣人、贤人，而把劳动人民当作下等人。李贽的平等观，把这种封建等级否定了，恢复了劳动人民（统治者所谓“愚夫愚妇”）应有的地位。

李贽认为：每一个人都是现现成成的圣人。什么忠孝节义，都是假装出来的。只有“饥来吃饭困来眠”，才是最自自然然的，才是真正的“道”。李贽认为：种地，做生意，一切谋生的活动，都是最浅近、最通俗的事，都是普通人的物质利益。这些，就是“道”。道学家要人民放弃这些物质利益，就是剥夺人民最起码的生活权利，就是只承认统治者有奢侈享受的封建特权。李贽的思想保护劳动人民的“饥来吃饭困来眠”的最起码的生活权利，反对封建统治者的掠夺和特殊享受。

李贽又主张自由、自治，反对封建礼教、政治和法律的束缚。他认为：每一个人有不同的个性，应该让个性得到发展。使每个人都得到适当的安排，这才是合理的。如果用一个固定的框框，套在千差万别的个性上面，勉强求得一致，这样，就不得不要政治和法律。那么不用政治和法律，又该怎么样？李贽提出，应该“因人而治”“人人自治”。因人而治，就是根据各人不同的情况，做不同的处理。人人自治，就是各人管理自己的事，不受人管，也不要管人。既然能够因人而治，人人自治，就用不着封建社会的礼教、政治和法律。封建社会的礼教、政治、法律，是人为的，外加的，不合理的，应该抛弃它。

李贽的自由观，目的就在反对封建社会的种种束缚和压迫，维护劳动人民的生活自由，这在当时的历史条件下，是进步的。

（二）挖掉道学家的根，贬低孔子和“四书”“五经”

李贽特别反对道学家的虚伪。李贽痛骂道学家说：“现在的道学家，表面上讲的是道学，实际上为的是富贵。穿了读书人的衣服，道貌岸然，可是他们的行为同畜生一样下贱。”

因为道学家捧着孔子做老祖宗，打着“四书”“五经”的招牌，李贽就挖掉道学家的老根，打掉他们的招牌。

李贽首先把孔子还原为一个普通人，扯去他的作为一个圣人的神圣光轮。李贽说：“孔子有什么了不起。他是一个酒徒，讲究吃，讲究穿，同普通人一样。孔子的学说，本来也同诸子百家的学说处在同等地位，当时老子、孔子、墨子，都是差不多的。后来，孔子的地位却高了，那是有人有意抬高的结果。”

李贽认为“四书”“五经”没有什么了不起，它所以成为经典，无非是后人过分推崇的结果。例如《论语》，这部书就是当时的一些糊涂学生，把老师的学说随便记录下来的笔记，有了头没有尾，写下了后边丢掉了前面。记录的人随自己的意见来写，大半不是圣人的原意。就算是圣人说的话，也是根据当时的情况讲的，对症下药，治疗这些糊涂的学生。怎么可以认为这是万世不变的真理？后人不去实际考察一下，以为是圣人嘴里讲出来的话，就尊重它，相信它是经典。这真好像矮子看戏一样，站在后边，根本没有看见什么，却也随声叫好。在黑夜里，一犬吠影，众犬吠声。问它为什么要吠，它自己也感到好笑。

李贽又讥笑道学家要人们以孔子为学习的榜样。李贽说，一个人有一个人的作用，何必学习孔子？要是说，非学习孔子不可，那么孔子未生以前，难道人们就做不成人了吗？李贽又说，是非的标准，依照时代而变化。在新的条件下，应该用新的标准来代替死了的旧的标准。孔子的学说，就是死了的旧的标准。但是道学家偏偏要把孔子的标准，来作为评判和赏罚的根据，这是荒谬的。正如走路一样，这个人有这个人的脚印，那个人有那个人的脚印，不尽相同。古代的人已经过去了，他们走过的脚印，同那些人一样成了过去，怎么还要叫后人完全按照他们的脚印走路呢？孔子的脚印已经过去了，现在还要大家踏着他的脚印走路，不是很可怜的吗？

在封建社会里，孔子和“四书”

“五经”有绝对的权威，不许人们动它的一根毫毛。谁批评孔子，谁就是“非圣无法”；谁批评“四书”“五经”，谁就是“离经叛道”。“非圣无法”“离经叛道”，那就成为人人得而诛之的“异端”。李贽这样勇敢地批评孔子，贬低“四书”“五经”，是历史上从来没有见过的。所以他就被封建统治者当作“眼中钉”了。

《焚书》的“焚”，《藏书》的“藏”，李贽在为这些书题名的时候，早已预见到自己是冒着杀身大祸的，然而还是勇敢地把自己的意见说出来，向封建道学家投去最致命的投枪，这种英勇无畏的斗争精神，即使在今天，也令人钦敬。

四、结语

李贽摆开堂堂之阵，正正之旗，同封建道学家搏斗。他的文章，卷起了万丈波涛，冲击着道学家建筑起来的礼教堤防。在麻城一地，就有许多青年，衷心敬爱李贽，爱读他的文章，接受他的教育，唾弃封建礼法，试图找寻新的道路。当时就有人惊呼道："礼教堤防崩溃啦，可不得了啦！"就这一点来看，李贽在思想斗争的战线上，取得了巨大的胜利。

李贽是在封建社会的黑暗的长夜里进行战斗的，他的武器，就是他的锋利的笔。站在他面前的敌人——封建社会，虽然已经十分腐朽，但是还有力量，他们有法庭，有牢狱，有军队，有一切足以镇压反抗的工具。李贽同泰州学派的其他一些学者一样，奋不顾身地向敌人冲锋陷阵。他写下了大量著作，尖锐地批判封建社会的“吃人”礼教，揭露道学家的丑恶。这种英勇无畏的战斗精神，是我们中华民族的极可宝贵的传统，值得我们很好地学习。

李贽为什么能够这样英勇坚强呢？就因为他代表劳动人民的利益，相信真理在他这一边。为劳动人民的利益而战斗，为真理而战斗，为反对封建社会的黑暗势力而战斗，他就能够鼓舞起无穷的勇气和力量。明朝末年的学者黄梨洲说：“泰州学派的英雄人物，都敢于赤手缚龙蛇，都敢于只手掀翻天地，真是了不起的好汉！”黄梨洲对泰州学派的赞美，并没有过分，用来赞美李贽，也是完全合适的。

泰州学派虽然在下层劳动人民中间传播，吸引了一部分劳动人民在他们的周围，但是在当时的历史条件下，他们还不可能把劳动人民很好地组织起来，领导他们进行斗争。1840年以后的旧民主革命过去了，也失败了。彻底的反封建的民主革命任务，一直要到“五四”爱国运动以后，工人阶级登上了历史舞台，中国共产党建立了，才能担负起来，并取得伟大的胜利。

在封建社会里，李贽的斗争毕竟有很大的功劳。他的战斗的一生是光荣的。“五四运动”的时候，人们还介绍李贽的学说，作为打倒“孔家店”的武器，反对“吃人”的礼教。

新中国成立以后，李贽的主要著作，如《焚书》《藏书》等，都得到整理出版。他的学说，也得到学术界的重视。

出版说明

“新编历史小丛书”承自20世纪60年代吴晗策划的“中国历史小丛书”，其中不少名家名作已经是垂之经典的作品，一些措辞亦有写作伊初的时代特征。为了保持其原有版本风貌，再版过程中不做现代汉语的规范化统一，读者阅读时亦可从中体会到语言变化的规律。

“新编历史小丛书”编委会

图书在版编目（CIP）数据

李贽 / 邱汉生著. -- 贵阳：贵州人民出版社；北京：文津出版社，2024. 6. -- (新编历史小丛书).
ISBN 978-7-221-18412-2

Ⅰ. B248.91

中国国家版本馆CIP数据核字第20247TB446号

新编历史小丛书

李贽

LI ZHI

邱汉生 ◎著

出 版 人 朱文迅
责任编辑 王世宇
装帧设计 陈 电
责任印制 蔡继磊

出版发行 北京出版集团 文津出版社
贵州出版集团 贵州人民出版社
地 址 贵阳市观山湖区中天会展城会展东路SOHO公寓A座
印 刷 贵州新华印务有限责任公司
版 次 2024年6月第1版
印 次 2024年6月第1次印刷
开 本 880 mm × 1230 mm 1/32
印 张 3
字 数 24千字
书 号 ISBN 978-7-221-18412-2
定 价 18.00元
